ANNA NAGEL

Tierisch starke Vorbilder

Inspirierende Tiergeschichten über Mut, Freundschaft und innere Stärke. Für ein mutiges und selbstbewusstes Kind.

Inhalt

Einleitung

Hallo, kleine Entdecker! Seid ihr bereit, mit uns auf eine spannende Reise in die bunte Welt der Tiere zu gehen? In unserem Buch treffen wir 25 inspirierende Tiere, von denen jedes eine ganz besondere Geschichte zu erzählen hat. Wir erfahren, wie stark ein Bär sein kann, wie schlau ein Fuchs ist und dass ein Hund der beste Freund sein kann, den man sich vorstellen kann.

Jedes dieser Tiere hat eine besondere Eigenschaft, die es mit uns teilen möchte. Sie lehren uns, mutig, schlau, freundlich und vieles mehr zu sein. Also packt eure Neugier und Fantasie ein und lasst uns gemeinsam entdecken, was wir alles von unseren tierischen Freunden lernen können. Auf zu einem unvergesslichen Abenteuer!

Löwe

Mut

In einem sonnigen Land weit, weit weg, lebte ein junger Löwe namens Leo. Obwohl Leo der zukünftige König der Tiere war, gab es Zeiten, in denen er sich klein und ängstlich fühlte.

Das geht jedem mal so, sogar einem Löwen.

Eines Tages entdeckte Leo, dass es im ganzen Land kein Wasser mehr gab. Seine Freunde, die Tiere, waren sehr traurig und durstig. Leo erinnerte sich an eine alte Geschichte von einem geheimen Ort, an dem es immer Wasser gab. Aber dieser Ort lag tief im unbekannten Wald und der Gedanke, dorthin zu gehen, machte Leo ein wenig Angst.

Doch als er in die besorgten Gesichter seiner Freunde blickte, spürte Leo, wie etwas in ihm stärker wurde. „Ich muss mutig sein", sagte er sich. „Für meine Freunde." Und mit diesem Gedanken machte sich Leo auf den Weg.

Er musste durch dichtes Gebüsch kriechen, große Felsen umgehen und tiefe Täler durchqueren. Manchmal hörte er Geräusche, die ihm Angst machten und er wollte am liebsten umkehren. Aber dann dachte er an das durstige Zebra, den kleinen Hasen und all seine Freunde, die auf ihn warteten. Das gab ihm Kraft zum Weitergehen.

Endlich, nach vielen Stunden, fand Leo den geheimen Ort. Das Wasser glitzerte im Sonnenlicht und Leo fühlte sich, als hätte er einen Schatz gefunden. Schnell rannte er zurück, um seinen Freunden die gute Nachricht zu überbringen. Gemeinsam gingen sie zum Wasser und jeder trank, soviel er konnte.

Als sie zurückkamen, jubelten die Tiere und nannten Leo ihren Helden. „Du warst so mutig, Leo", sagten sie. Da wusste Leo, dass es in Ordnung ist, Angst zu haben. Wichtig ist, dass man trotzdem weitermacht. Leo hat herausgefunden, dass Mut bedeutet, etwas zu tun, auch wenn man ein bisschen Angst hat.

Diese Geschichte zeigt uns, dass jeder mutig sein kann wie Leo. Wenn wir uns unseren Ängsten stellen, können wir helfen und Großes erreichen.

Fakten über Löwen

Wusstest du schon?

⇨ Löwen werden oft die Könige des Dschungels genannt, obwohl sie eigentlich in der Savanne leben. Sie haben eine große Mähne, die wie eine Krone aussieht.

⇨ Sie können so laut brüllen, dass man sie fast 8 Kilometer weit hören kann. Das ist ihre Art zu sagen: Hier bin ich!

⇨ Löwen leben in Gruppen, die man Rudel nennt. In einem Rudel helfen sich alle gegenseitig bei der Kinderbetreuung und der Nahrungssuche.

⇨ Junge Löwen, auch Löwenbabys genannt, spielen gerne miteinander. Sie raufen und jagen, um zu lernen, wie man ein großer Löwe wird.

⇨ Sie lieben es, in der Sonne zu liegen. Sie ruhen sich viele Stunden am Tag aus, damit sie nachts auf die Jagd gehen können.

Glaube an dich - Sätze:

Ich bin mutig, auch wenn ich manchmal Angst habe.

Ich finde immer einen Weg, meine Herausforderungen zu meistern.

Ich setze mich für andere ein und helfe, wo ich kann.

Bär

Stärke

Inmitten eines schönen Waldes, in dem die Bäume bis in den Himmel zu wachsen schienen, lebte Bruno, der Bär. Er hatte dunkles Fell und große, starke Pfoten. Bruno war super stark! Könnt ihr so stark sein wie ein Bär? Lasst uns gemeinsam die Arme heben und zeigen, wie stark wir sind: Urrrgh

Als Bruno eines Morgens durch den Wald streifte, bemerkte er, dass die kleineren Tiere wegen eines Sturms in der Nacht zuvor in Aufregung waren. Ein großer Baum war umgestürzt und hatte den Weg zu ihrer Lieblings-wiese versperrt.

Bruno, der ein großes Herz hatte, wusste sofort: „Ich muss helfen!" Seine Mama hatte ihm immer gesagt, dass es die größte Stärke sei, nett zu sein und anderen zu helfen. Mutig ging Bruno auf den umgestürzten Baum zu.

Anstatt zu versuchen, den Baum mit roher Gewalt zu bewegen, überlegte Bruno klug. Er nutzte seine Kraft, um die Äste beiseitezunehmen und einen neuen Weg neben dem Baum zu schaffen. Er arbeitete geduldig und sorgfältig.

Als er fertig war, hatten die kleinen Tiere einen sicheren Weg zu ihrer geliebten Wiese. Sie tanzten und spielten um Bruno herum, dankbar für seine Hilfe, und bewunderten nicht nur seine körperliche, sondern auch seine charakterliche Stärke.

Bruno lächelte glücklich. Er hatte gelernt, dass stark sein nicht nur bedeutet, große Muskeln zu haben.

Die Geschichte von Bruno zeigt uns, dass jeder von uns auf seine eigene Art stark sein kann. Es ist nicht nur wichtig, die schwierigsten Dinge zu bewältigen, sondern auch geduldig, klug und liebevoll zu sein.

Fakten über Bären

Wusstest du schon?

⇨ Wusstet ihr, dass Bären eine super Nase haben? Sie können Dinge riechen, die weit, weit weg sind – sogar besser als Hunde!

⇨ Wenn es draußen kalt wird und der Winter kommt, halten viele Bären einen langen Winterschlaf. Sie schlafen in ihrer Höhle, bis es wieder Frühling wird.

⇨ Bärenmütter kümmern sich sehr liebevoll um ihre Babys, die Bärenjungen genannt werden. Sie bringen ihnen bei, wie man schwimmt, klettert und leckere Beeren findet.

⇨ Bären haben große Tatzen mit scharfen Krallen, mit denen sie graben, klettern und Fische fangen können.

⇨ Es gibt viele verschiedene Bärenarten auf der Welt, zum Beispiel den Grizzlybären, den Eisbären, der ganz weiß ist, und den Pandabären, der schwarz und weiß ist und am liebsten Bambus frisst.

Glaube an dich - Sätze:

Meine Stärke hilft mir, für andere da zu sein.

Ich nutze meine Fähigkeiten, um Lösungen zu finden.

Mit einem starken Herzen und einem klugen Kopf kann ich Großes erreichen.

Fuchs
Schlauheit

In einem zauberhaften Wald lebte ein kleiner, schlauer Fuchs namens Freddy. Freddy hatte ein Fell so rot wie die schönsten Sonnenuntergänge und war bekannt als der beste Versteckspieler im ganzen Wald.

Als Freddy eines Tages durch den Wald streifte, hörte er die Vögel aufgeregt zwitschern. „Was ist denn da los?", dachte Freddy und schaute nach oben. Da sah er es: Ein großer Korb voller bunter Früchte hing hoch oben in einem Baum, viel zu hoch für Freddy und seine Freunde.

„Wir müssen uns etwas einfallen lassen, um an die Früchte zu kommen", dachte Freddy. Er schaute sich um und entdeckte einen langen Ast am Boden. „Ich habe eine Idee", rief Freddy. Er bat alle seine Tierfreunde um Hilfe und gemeinsam banden sie den Ast so an den Baum, dass er wie eine Rutsche aussah.

Mit ein bisschen Teamarbeit kletterte Freddy geschickt den Baum hinauf, bis er ganz nah am Korb war. Mit

einem kleinen Schubs schickte er den Korb die Astrutsche hinunter, direkt in die Arme seiner wartenden Freunde.

„Juhu, wir haben es geschafft", jubelten alle Tiere. Der Korb stand nun offen und die Früchte konnten mit allen geteilt werden.

Freddy lächelte und sagte: „Seht ihr, gemeinsam sind wir stark. Wenn wir zusammenarbeiten, können wir jedes Problem lösen!"

Und so lernten alle Tiere im Wald, dass sie sich immer aufeinander verlassen können, wenn sie zusammenhalten. Freddy war besonders glücklich, denn jetzt wusste er, wie schön es ist, seinen Freunden zu helfen.

Fakten über Füchse

Wusstest du schon?

⇨ Füchse haben einen tollen Trick, um zu hören, wo sich kleine Tiere verstecken - sie können ihre Ohren bewegen und hören ganz genau hin!

⇨ Ein Fuchs kann sehr schnell laufen, fast so schnell wie ein Auto in der Stadt!

⇨ Fuchsbabys werden „Welpen" genannt und spielen gerne Fangen, genau wie du auf dem Spielplatz.

⇨ Sie halten sich mit ihrem flauschigen Schwanz warm, wenn sie ein Nickerchen machen.

⇨ In der Natur gibt es Füchse in vielen verschiedenen Farben, sogar solche, die silbern wie Sterne in der Nacht leuchten.

Glaube an dich - Sätze:

Ich bin schlau und
finde neue Wege.

Ich entdecke die Welt
mit Neugier und Freude.

Mit Freunden Spaß zu haben,
macht mich glücklich.

Adler

Freiheit

In einem großen, sonnigen Tal mit Hügeln und Flüssen flog ein mutiger Adler, der Aaron hieß. Aaron liebte es, seine Flügel auszubreiten und den Wind zu spüren, der ihn hoch in den Himmel trug. „Seht, ich bin so frei", rief er, während er über glitzernde Flüsse und grüne Wiesen flog. Stellt euch vor, ihr wärt auch so frei und könntet überall hinfliegen.

Die Welt erkunden, Neues entdecken und über sich hinauswachsen, das bedeutete für Aaron Freiheit. Eines Tages sah er einen kleinen Fuchs, der sehnsüchtig in den Himmel schaute und sich fragte, wie es wohl wäre, dort oben zu fliegen und die Welt aus der Vogelperspektive zu sehen.

Aaron spürte die Neugier des kleinen Fuchses und beschloss, ihm zu zeigen, was Freiheit wirklich bedeutet. „Komm mit auf ein Abenteuer", lud er den kleinen Fuchs ein. Mit sanften Bewegungen seiner mächtigen Flügel nahm Aaron den kleinen Fuchs mit und gemeinsam erkundeten sie die unendlichen Weiten des Himmels.

Während ihres Abenteuers lernte der kleine Fuchs, dass Freiheit nicht nur bedeutet, sich frei bewegen zu können, sondern auch den Mut zu haben, Neues zu entdecken und die Welt aus verschiedenen Blickwinkeln zu betrachten. Aaron zeigte ihm, dass Freiheit auch in kleinen Dingen zu finden ist – im Fliegen durch die Lüfte, im Entdecken neuer Orte und im Teilen von Abenteuern mit anderen.

Als sie wieder sicher auf dem Boden landeten, war der kleine Fuchs voller Dankbarkeit und mit einem neuen Verständnis von Freiheit erfüllt. Alle Tiere im Tal blickten zu ihnen auf und ließen sich von Aarons Botschaft inspirieren: Freiheit bedeutet, mit offenem Herzen und mutigen Schritten die Welt zu erkunden.

Diese Geschichte lehrt uns, dass wahre Freiheit darin besteht, über sich selbst hinauszuwachsen und die Welt mit Neugier und Mut zu erleben. Aaron, der Adler, zeigt uns, dass wir alle die Freiheit haben, unseren Träumen zu folgen und die Schönheit der Welt zu entdecken.

Fakten über Adler

Wusstest du schon?

⇨ Adler können sehr hoch fliegen, höher als die Wolken, und alles von oben sehen, so als ob man auf den Zehenspitzen steht und über einen Zaun schaut!

⇨ Sie haben scharfe Augen, mit denen sie auch ganz kleine Tiere auf dem Boden sehen können, selbst wenn sie hoch oben im Himmel sind.

⇨ Adler benutzen ihre großen, starken Flügel, um durch die Luft zu gleiten, fast so, als würden sie auf dem Wind surfen.

⇨ Junge Adler werden „Ästlinge" genannt und müssen das Fliegen erst lernen, so wie du das Laufen gelernt hast.

⇨ Adler bauen riesige Neste auf hohen Bäumen oder Felsen, manchmal so groß, dass du darin spielen könntest!

Glaube an dich – Sätze:

Ich habe die Freiheit, die Welt zu entdecken.

Ich habe den Mut, Neues zu wagen und zu lernen.

Ich teile meine Freiheit und meine Entdeckungen mit anderen.

Hund

Treue

In einem bunten Dorf, umgeben von grünen Wiesen und hohen Bäumen, lebte ein fröhlicher Hund namens Balu. Balu war kein gewöhnlicher Hund, er war bekannt für seine unglaubliche Treue. Mit seinem weichen Fell und seinen leuchtenden Augen war Balu für alle im Dorf ein treuer Freund.

Eines Tages verirrte sich das kleine Mädchen Lina im Wald. Sie rief um Hilfe, aber niemand hörte sie. Außer Balu. Als Balu Linas Rufe hörte, zögerte er keine Sekunde. Er wusste, dass er alles tun würde, um ihr zu helfen, denn das tun treue Freunde.

Balu folgte Linas Stimme durch den dichten Wald, überquerte kleine Bäche und kletterte über umgestürzte Bäume. Nichts konnte ihn aufhalten. Endlich fand er Lina, die sich unter einem großen Baum versteckt hatte. Mit freudigem Bellen und liebevollem Schwanzwedeln zeigte Balu, dass er da war, um sie sicher nach Hause zu bringen.

Balu blieb immer bei Lina, um ihr zu helfen und auf sie aufzupassen, als sie gemeinsam den Weg zurück ins Dorf fanden. Lina fühlte sich sehr wohl und geborgen bei Balu, ihrem besten Freund, der sofort zur Stelle war, um ihr zu helfen. Als sie endlich im Dorf ankamen, waren alle sehr froh, dass Lina wieder wohlbehalten angekommen war und lobten Balu für seine große Treue und seinen Mut.

Von diesem Tag an erzählte jeder im Dorf die Geschichte von Balu, dem treuesten Hund, der lehrte, dass wahre Freundschaft bedeutet, füreinander da zu sein, egal was passiert. Balu wurde zum Helden des Dorfes und Lina wusste, dass sie in Balu einen Freund fürs Leben gefunden hatte.

Diese Geschichte zeigt uns, wie wichtig es ist, treu und zuverlässig zu sein. Balu erinnert uns daran, dass Treue und Mut Hand in Hand gehen und dass wir durch Zusammenhalt und gegenseitige Unterstützung auch die größten Herausforderungen meistern können.

Fakten über Hunde

Wusstest du schon?

⇨ Hunde haben Nasen, die super riechen können - viel besser als wir Menschen! Sie können sogar riechen, wenn du ein Stück Kuchen versteckt hast!

⇨ Wenn Hunde glücklich sind, wedeln sie mit dem Schwanz, so wie du mit den Armen wackelst, wenn du glücklich bist.

⇨ Welpen sind Hundebabys und lieben es zu spielen und zu kuscheln, fast wie deine Lieblingskuscheltiere.

⇨ Hunde können viele verschiedene Geräusche machen, nicht nur bellen. Manchmal geben sie Laute von sich, die wie Singen klingen, oder sie seufzen, wenn sie sich ausruhen.

⇨ Manche Hunde haben Berufe und helfen Menschen, zum Beispiel als Blindenhunde, die Menschen, die nicht sehen können, sicher durch die Straßen führen.

Glaube an dich - Sätze:

Ich bin ein treuer Freund. Man kann sich immer auf mich verlassen.

Ich beschütze und helfe meinen Freunden in jeder Situation.

Ich beweise Mut und Treue, wenn ich mich für andere einsetze.

Elefant

Weisheit

An einem wunderschönen Ort lebte Emil, der kluge Elefant. Alle Tiere kannten Emil, weil er immer tolle Ideen hatte und gerne half.

Eines Tages kam ein kleiner Vogel zu Emil. Er zitterte und sah sehr traurig aus. „Ein starker Wind hat mein Nest kaputt gemacht", piepste der Vogel. Emil lächelte freundlich und sagte: „Keine Sorge, wir bauen es zusammen wieder auf!" Mit seinem langen Rüssel sammelte Emil Äste und Blätter ein und baute ein neues, gemütliches Nest für den Vogel und seine Freunde. Er zeigte ihnen, wie man immer fröhlich bleiben kann, auch wenn mal etwas schiefgeht.

Ganz in der Nähe waren ein paar Hasen, die sich im Wald verlaufen hatten und nicht mehr nach Hause fanden. Als das Nest fertig war, hat Emil auch ihnen geholfen. „Die Natur zeigt uns den Weg", sagte Emil und zeigte den Hasen, wie man den Weg findet, indem man auf die Umgebung achtet.

Immer wenn die Tiere im Wald ein Problem hatten und Emil, den weisen Elefanten, um Hilfe baten, fanden sie gemeinsam eine Lösung. Emil zeigte den Tieren, wie man Schwierigkeiten überwindet und die schönen Seiten des Lebens erkennt. Er betonte, wie wichtig es ist, zu lernen, anderen zu helfen und die Welt um uns herum ein bisschen besser zu machen.

Emils Geschichte erinnert uns daran, wie wertvoll es ist, Freunden zu helfen und Herausforderungen gemeinsam zu meistern. Emil inspiriert uns, mit einem großen Herzen, viel Geduld und einer stets freundlichen und hilfsbereiten Haltung durchs Leben zu gehen.

Fakten über Elefanten

Wusstest du schon?

⇨ Elefanten haben große Ohren, die fast wie riesige Fächer aussehen. Damit kühlen sie sich ab, wenn es im Dschungel sehr heiß ist.

⇨ Der Rüssel eines Elefanten ist sehr stark. Er kann damit nicht nur trinken und atmen, sondern auch schwere Dinge heben und sogar Hallo sagen!

⇨ Die Füße eines Elefanten sind so groß, dass sie beim Laufen kaum Geräusche machen. Sie können sogar auf Zehenspitzen durch den Wald schleichen, ohne dass jemand sie hört.

⇨ Elefanten haben ein sehr gutes Gedächtnis. Man sagt, sie vergessen nie. Sie erinnern sich an Orte, Freunde und Wege, die sie vor langer Zeit gegangen sind.

Glaube an dich – Sätze:

Ich bin weise, auch wenn ich noch viel lernen muss.

Ich höre auf die Stimme der Natur und lerne von ihr.

Ich teile mein Wissen und helfe anderen, ihren Weg zu finden.

Giraffe

überblick

In einem kunterbunten Land, weit unter einem riesengroßen, strahlend blauen Himmel, wohnte eine fröhliche Giraffe, die Gira hieß. Gira hatte einen soooo langen Hals, dass sie hoch über die Baumkronen schauen konnte!

Von dort oben konnte Gira ganz viele Sachen sehen, viel mehr als alle ihre Freunde. Aber eines Tages bemerkte sie, dass die Bäume nicht mehr so schön grün leuchteten und die Blümchen traurig herunterhingen. „Huch, was ist denn hier los?", wunderte sich Gira.

Da hatte Gira eine tolle Idee. Sie streckte sich, so weit sie konnte, schaute über alle Bäume und suchte nach dem Problem. Und tatsächlich! Sie entdeckte, dass ein riesiger Baum umgestürzt war und nun den kleinen Fluss blockierte, der ihr Land immer mit frischem Wasser versorgte.

„Jetzt brauche ich meine Freunde", dachte Gira. Schnell rief sie den schnellen Hasen, den starken Elefanten und den schlauen Affen zu ich. „Freunde, ich habe es gefunden. Wir müssen den Fluss wieder frei machen!"

Gemeinsam machten sie sich auf den Weg. Der Hase hüpfte voraus und zeigte den schnellsten Weg, der Elefant räumte die großen Steine weg und der Affe kletterte hoch in die Bäume, um von oben zu führen. Gira schaute immer wieder nach, ob sie auch auf dem richtigen Weg waren.

Endlich standen sie vor dem großen Baum. Mit vereinten Kräften packten sie an. Es war ganz schön schwer, aber gemeinsam schafften sie es. Und siehe da! Das Wasser floss wieder und bald blühte alles um sie herum.

Die Bäumchen wurden wieder grün, die Blümchen streckten sich der Sonne entgegen und die Tiere des Landes hüpften und tanzten vor Freude. Gira hatte allen geholfen mit ihrer großen Gabe, alles im Auge zu behalten.

„Danke, Gira! Du hast uns gezeigt, wie wichtig es ist, zusammenzuarbeiten und weit zu denken", riefen ihr die Tiere zu. Gira lächelte glücklich und freute sich, dass sie helfen konnte.

Und so lehren uns die Abenteuer von Gira, wie schön es ist, wenn man zusammenhält und gemeinsam Herausforderungen meistert. Genau wie Gira kann jeder von uns ein bisschen dazu beitragen, unsere Welt noch schöner und bunter zu machen.

Fakten über Giraffen

Wusstest du schon?

⇨ Giraffen haben den längsten Hals aller Tiere! Ihr Hals ist so lang, dass sie die höchsten Blätter von den Bäumen fressen können, fast wie ein lebender Kran.

⇨ Mit ihren langen Beinen und Hälsen können Giraffen über hohe Büsche und Bäume hinwegsehen. Fast wie auf Stelzen sehen sie, was in der Ferne passiert.

⇨ Jede Giraffe hat ein einzigartiges Fleckenmuster auf ihrem Fell, so wie wir Menschen Fingerabdrücke haben. Keine Giraffe gleicht der anderen!

⇨ Obwohl Giraffen sehr groß sind, ernähren sie sich hauptsächlich von Pflanzen. Am liebsten fressen sie die Blätter von Akazien.

⇨ Giraffen können fast alles im Stehen – sogar schlafen und gebären! Sie ruhen sich oft nur für kurze Zeit aus, sind aber immer bereit, schnell wegzulaufen, wenn es nötig ist.

Glaube an dich - Sätze:

Ich blicke weit und finde Lösungen.

Ich helfe anderen und arbeite mit ihnen zusammen.

Ich mache unsere Welt jeden Tag ein bisschen schöner.

Wolf

Gemein- schaftssinn

In einem riesigen, zauberhaften Wald, wo der Mond ganz zart durch die dichten Bäume leuchtete, da lebte ein junger Wolf namens Willy. Willy war ein ganz besonderer Wolf, denn er glaubte fest an Freundschaft und Zusammenhalt. „Könnt ihr mit mir heulen, so wie Wölfe das tun?", rief Willy. Und alle zusammen antworteten: „Auuuuu!"

Eines Tages sah Willy, dass seine kleinen Hasenfreunde ganz traurig und besorgt waren. Ein wilder Sturm hatte ihr Zuhause ganz durcheinandergebracht und sie wussten nicht, wo sie sich verstecken sollten. Willy wusste sofort: „Ich muss meinen Freunden helfen, denn echte Freunde sind immer füreinander da!"

Da hatte Willy eine spitzenmäßige Idee. „Wie wäre es, wenn wir alle zusammen ein großes Haus bauen, in dem wir uns alle verstecken können?", schlug er vor. Die Idee kam super an! Jedes Tier im Wald wollte helfen und seine besondere Fähigkeit einsetzen.

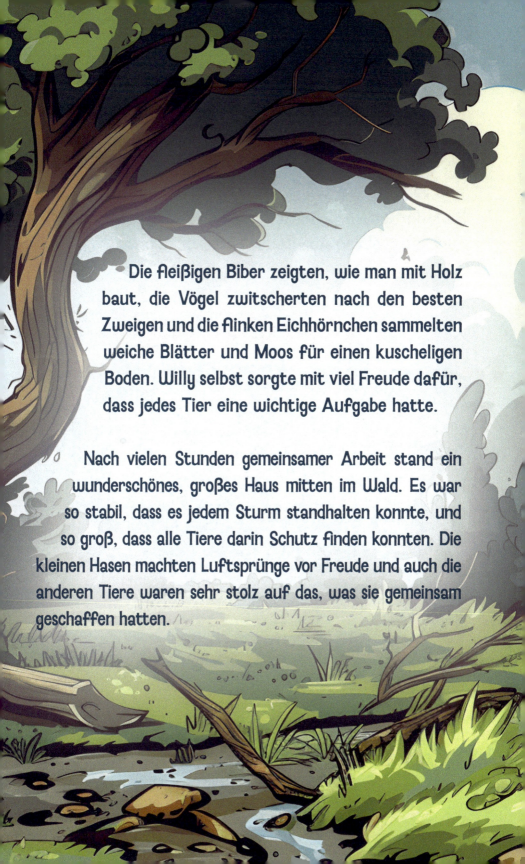

Die fleißigen Biber zeigten, wie man mit Holz baut, die Vögel zwitscherten nach den besten Zweigen und die flinken Eichhörnchen sammelten weiche Blätter und Moos für einen kuscheligen Boden. Willy selbst sorgte mit viel Freude dafür, dass jedes Tier eine wichtige Aufgabe hatte.

Nach vielen Stunden gemeinsamer Arbeit stand ein wunderschönes, großes Haus mitten im Wald. Es war so stabil, dass es jedem Sturm standhalten konnte, und so groß, dass alle Tiere darin Schutz finden konnten. Die kleinen Hasen machten Luftsprünge vor Freude und auch die anderen Tiere waren sehr stolz auf das, was sie gemeinsam geschaffen hatten.

Willy betrachtete das Haus und seine Freunde und wusste, dass dies der Anfang von etwas ganz Großem war. „Zusammen sind wir superstark!", sagte er und alle antworteten mit einem fröhlichen „Auuuuuuuuu!"

Und so lehrt uns Willys Geschichte, dass wir, wenn wir Hand in Hand arbeiten und immer füreinander da sind, auch die größten Abenteuer bestehen können.

Fakten über Wölfe

Wusstest du schon?

⇨ Wölfe leben in Familien zusammen, die man Rudel nennt. Sie machen fast alles zusammen, zum Beispiel spielen, jagen und passen aufeinander auf.

⇨ Wölfe können nicht wie wir Menschen sprechen, aber sie verständigen sich durch Heulen. Wenn ein Wolf heult, kann er mit anderen Wölfen sprechen, die weit weg sind.

⇨ Wölfe haben eine gute Nase und scharfe Augen. Sie können, wie Detektive Tierspuren im Schnee oder im Wald finden.

⇨ Wölfe haben ein dickes Fell, das sie im Winter warmhält. Wenn es wärmer wird, wechseln sie ihr Fell, fast so, als würden sie ihre Winterjacke ausziehen.

⇨ Wolfsmütter und -väter kümmern sich sehr gut um ihre Babys, die sie Welpen nennen. Sie bringen ihnen bei, sicher im Wald zu leben und ein gutes Teammitglied zu sein.

Glaube an dich - Sätze:

Zusammenarbeit bringt uns ans Ziel.

Gemeinsam sind wir super stark.

Meine Hilfe zählt und ich mache einen Unterschied.

Eule

Gespür

In einem magischen Garten voller duftenden Blumen und großen Bäumen lebte eine kleine, kluge Eule namens Emma. Emma war ganz besonders, weil sie spüren konnte, wie es anderen geht – ob jemand froh, traurig oder voller Sorgen ist, auch wenn sie gar nichts sagen.

Eines schönen abends, als Emma auf ihrem Ast saß und zusah, wie die Sonne unterging, hörte sie ein ganz, ganz leises Schluchzen. Es kam von Molly, der kleinen Maus, die sich ganz ängstlich unter einem Blatt versteckt hatte. Emma flatterte schnell zu ihr, um zu sehen, was los war. „Was hast du denn, Molly?", fragte Emma ganz lieb.

Molly schniefte ein wenig und erzählte, dass sie ihre Familie im langen Gras verloren hatte und sie nun nicht mehr finden konnte. Emma spürte, wie traurig Molly war und wollte ihr unbedingt helfen. „Keine Angst, wir finden sie zusammen wieder", tröstete Emma die kleine Maus mutig.

Emma, die weise Eule, und Molly, die kleine Maus, gingen Hand in Hand durch den Garten. Sie suchten überall, hinter jedem Blatt und unter jedem Stein nach Mollys Familie. Mit Emmas Hilfe fanden sie schließlich den Weg.

Nach einem kleinen Abenteuer voller Spaß und neuer Freunde fanden Emma und Molly ihre Familie. Als sie sich wiedersahen, war die Freude riesengroß und Molly sprang vor Freude in die Luft.

Emma, die kluge Eule, saß in ihrem hohen Baum und sah zu, wie alle glücklich waren. Sie hatte ihrer Freundin geholfen und gezeigt, wie wichtig es ist, füreinander da zu sein und einander Mut zu machen.

Emmas Geschichte zeigt uns, wie schön es ist, auf sein Herz zu hören und auf die kleinen Dinge zu achten. Emma erinnert uns daran, dass wir mit ein wenig Geduld und viel Aufmerksamkeit alle Probleme lösen können und dass jeder von uns etwas ganz Besonderes bewirken kann.

Fakten über Eulen

Wusstest du schon?

⇨ Eulen sind ganz besondere Vögel: Sie sind nachtaktiv. Wenn du schläfst, fliegen sie durch den Wald auf der Suche nach Nahrung.

⇨ Eulen haben sehr weiche Federn, die ihnen helfen, sehr leise zu fliegen. So können sie sich anschleichen, ohne von Mäusen gehört zu werden.

➡️ Eulen haben große Augen, die im Dunkeln leuchten können. Damit können sie nachts alles ganz genau sehen, fast wie mit einer Taschenlampe.

➡️ Eulen können ihren Kopf fast um die eigene Achse drehen. Sie können nach hinten schauen, ohne ihren Körper zu bewegen - das ist wie Zauberei!

➡️ Es gibt viele verschiedene Eulenarten und sie sehen alle unterschiedlich aus. Manche sind so klein wie ein Buch, andere so groß, dass ihre Flügel so breit wie ein kleiner Tisch sind, wenn sie sie ausbreiten.

Glaube an dich - Sätze:

Ich höre und fühle, was andere nicht sagen.

Meine Gabe ist zu helfen und zu heilen.

Jeder Tag ist eine neue Chance,
Gutes zu tun und glücklich zu sein.

Pinguin

Anpassungsfähigkeit

An einem schönen Ort, wo viele Tiere und glückliche Familien lebten, gab es einen kleinen Pinguin namens Pippa. Pippa war etwas ganz Besonderes, denn sie konnte sich sehr gut an neue Dinge gewöhnen, auch wenn sie keine Kunststücke wie die anderen Pinguine konnte.

Eines Tages musste das Pinguinhaus umgebaut werden, damit es für die Pinguine noch schöner und größer wird. Die anderen Pinguine waren ein bisschen besorgt, aber Pippa freute sich riesig.

Als der Umbau fertig war, sah alles ganz anders aus: Es gab Berge zum hinaufrutschen, tiefe Wasserbecken zum Eintauchen und sogar eine Höhle aus Eis zum Erkunden. Die anderen Pinguine waren zunächst etwas zögerlich und unsicher.

Aber Pippa, die sich immer schnell an Neues gewöhnt, zeigte gleich, wie es geht. Sie rutschte als erste den Berg hinunter, sprang mutig ins tiefe Wasser und nahm den schüchternen Pinguin Pedro mit auf eine spannende Tour durch die dunkle Eishöhle.

Pippas Mut und ihre große Anpassungsfähigkeit beeindruckten die anderen Pinguine. Bald trauten auch sie sich, die neue Umgebung zu erkunden und entdeckten, wie viel Spaß das machen kann. Pippa hatte ihnen gezeigt, dass es sich lohnt, sich anzupassen, weil man dabei Neues entdecken und viel Spaß haben kann.

Am Ende waren alle Pinguine superglücklich in ihrem neuen Zuhause. Sie hatten gelernt, dass man vor Veränderungen keine Angst haben muss, sondern sie als Chance sehen kann, Neues zu lernen und zu wachsen.

Pippas Geschichte zeigt uns, wie wichtig es ist, sich gut anpassen zu können. Sie ermutigt die Kinder, mutig zu sein und Veränderungen positiv zu sehen, denn jedes Abenteuer ist auch eine Chance, etwas Neues zu lernen und dabei Spaß zu haben.

Fakten über Pinguine

Wusstest du schon?

⇨ Pinguine sind wahre Wasserexperten. Sie können zwar nicht fliegen, aber sie schwimmen superschnell und tauchen tief unter Wasser – fast wie kleine Superhelden der Meere.

⇨ Viele Pinguine leben dort, wo es richtig kalt ist – in der Antarktis. Sie haben ein dickes, flauschiges Federkleid, das sie so warmhält wie dein kuscheligster Winteranzug.

⇨ Pinguine machen viele verschiedene Geräusche, um sich zu verständigen. Sie quietschen, brüllen und rufen, damit jeder Pinguin weiß, wer wer ist, auch wenn es ganz schön laut ist.

⇨ Bei einigen Pinguinarten brütet der Papa das Ei aus, indem er es auf seinen Füßen warmhält, während die Mama nach Futter sucht. Das ist Teamarbeit!

⇨ Wenn Pinguine an Land sind, watscheln sie lustig von einer Seite zur anderen. Manche rutschen auch gerne auf dem Bauch über das Eis, fast so, als würden sie Schlitten fahren.

Glaube an dich - Sätze:

Ich kann mich mutig auf neue Situationen einstellen. Veränderungen bringen neue Abenteuer und Freude.

Mit Mut und Neugier kann ich mich jeder Herausforderung stellen.

Neues zu entdecken, macht das Leben spannend.

Biene

Fleiß

In einem zauberhaften Garten in dem viele bunte Blumen dufteten, summte eine fleißige kleine Biene namens Bella. Bella war keine gewöhnliche Biene – sie hatte eine super-wichtige Aufgabe: Honig für ihr Zuhause, den Bienenstock, zu machen. Kinder, habt ihr euch schon einmal gefragt, wie die Bienen den Honig machen? Bella verrät es euch!

Mit den ersten Sonnenstrahlen, die die Tautropfen auf den Blüten zum Glitzern brachten, begann für Bella der Tag. Fröhlich summte sie von Blüte zu Blüte, sammelte mit ihrem langen Schnabel süßen Nektar und half so den Pflanzen zu wachsen. „Ohne uns Bienen gäbe es viele leckere Früchte und schöne Blumen gar nicht", erzählte sie den Schmetterlingen, die mit ihr um die Wette tanzten.

Als Bellas Bauch mit Nektar gefüllt war, flog sie nach Hause. Im Bienenstock wartete schon die nächste spannende Aufgabe auf sie. Leise summend gab sie den Nektar an ihre Bienenfreunde weiter, die schon fleißig im Bienenstock arbei-teten. Zusammen verwandelten sie den Nektar in Honig.

„Wie macht ihr aus Nektar Honig?", wollte ein kleiner Käfer wissen und schaute neugierig zu. Bella lächelte und erklärte: „Wir geben ein bisschen Bienenzauber dazu und lassen den Nektar in unseren Waben trocknen. Dann schlagen wir ganz schnell mit unseren Flügelchen, damit der Nektar dick und lecker wird. Und so entsteht unser Honig!"

Tag für Tag ging Bella ihrer Arbeit nach, immer fleißig und mit viel Liebe. Ihr Honig wurde immer mehr und bald war genug da, um alle Bienen über den Winter zu bringen. „Unser Honig ist nicht nur lecker, er ist auch sehr wichtig für uns", summte Bella stolz.

Als der Sommer zu Ende ging und der Garten in den schönsten Farben leuchtete, feierten alle Bienen ein großes Fest. Sie bedankten sich bei Bella und all den anderen fleißigen Bienen. Sie hatten nicht nur Honig gezaubert, sondern auch den Garten zum Leuchten gebracht und vielen Tieren geholfen.

Die Geschichte von Bella zeigt uns, wie großartig Fleiß und Zusammenarbeit sind. Sie zeigt uns, dass die Arbeit der Bienen nicht nur süßen Honig bringt, sondern auch den Garten und die ganze Natur lebendig hält.

Fakten über Bienen

Wusstest du schon?

⇨ Bienen sind sehr fleißig. Sie fliegen von Blüte zu Blüte, um Nektar zu sammeln. Das ist ihre Art einzukaufen!

⇨ Aus dem gesammelten Nektar stellen Bienen Honig her. Sie sind wie kleine Köche, die eine süße Leckerei zaubern, die wir uns aufs Brot streichen können.

⇨ Wenn Bienen eine schöne Blume finden, fliegen sie zum Bienenstock zurück und tanzen einen besonderen Tanz. So erzählen sie den anderen Bienen, wo sie die Blume gefunden haben.

⇨ Bienen helfen Pflanzen zu wachsen, indem sie Blüten bestäuben. Wenn sie von Blüte zu Blüte fliegen, nehmen sie Pollen mit und verteilen ihn. Das hilft uns, Obst und Gemüse zu bekommen.

⇨ Bienen leben zusammen in einem Bienenstock, der für sie wie ein großes Haus ist. Jede Biene hat eine besondere Aufgabe und gemeinsam sorgen sie dafür, dass es ihrer Familie gut geht.

Glaube an dich - Sätze:

Mit Fleiß und Teamarbeit erreichen wir Großes.

Jeder Beitrag zählt, um etwas Wunderbares zu schaffen.

Durch unsere Arbeit machen wir die Welt ein bisschen süßer.

Leopard

Geschwindigkeit

Leo, der flinke Leopard, war schneller als alle anderen in der weiten Savanne. Seine Beine flitzten so schnell, dass man ihn kaum sehen konnte, wenn er durch die Gegend flitzte. Alle Tiere staunten über Leos Geschwindigkeit und er liebte es, der Schnellste zu sein. Aber irgendwie fühlte sich Leo ein bisschen allein.

Dann wurde das große Savannenrennen angekündigt und Leo meldete sich sofort an. Doch in diesem Jahr war alles anders: Jeder musste in einem Team laufen. Leo machte sich Sorgen - wie sollte er der Schnellste sein, wenn er auf einen Freund aufpassen musste?

Da dachte er an seine Freundin Lilly, die Gazelle. Lilly war zwar nicht so blitzschnell wie Leo, aber sie hatte viel Ausdauer und kannte jeden Winkel der Savanne. Leo begriff, dass man nicht nur schnell, sondern auch schlau sein musste.

Als das Rennen begann, sprang Leo wie der Blitz nach

vorne. Doch diesmal blieb er bei Lilly. Gemeinsam fanden sie den besten Weg durch das hohe Gras und sprangen über kleine Bäche. Leo trieb sie mit seiner Schnelligkeit an, aber Lillys kluge Ideen hielten sie auf dem richtigen Weg.

An einer schwierigen Stelle, wo Büsche den Weg versperrten, nutzte Leo seine Schnelligkeit, um einen neuen Weg zu bahnen, damit Lilly ihm folgen konnte. Sie entdeckten eine Abkürzung, die niemand sonst kannte.

Als sie das Ziel erreichten, waren Leo und Lilly die Ersten. Leo hatte gelernt, dass seine Schnelligkeit nicht nur etwas Großartiges war, sondern auch etwas, das man teilen konnte. Indem er mit Lilly zusammenarbeiteten, erreichten sie gemeinsam etwas Wunderbares, das größer war als alles, was sie allein hätten erreichen können.

Fakten über Leoparden

Wusstest du schon?

⇨ Leoparden haben ein wunderschönes, geflecktes Fell, das ihnen hilft, sich im Gras und in den Bäumen zu verstecken. Sie sind Meister der Tarnung!

⇨ Leoparden können sehr schnell laufen, so schnell, wie Autos auf manchen Straßen fahren.

⇨ Diese großen Katzen lieben es, auf Bäume zu klettern. Sie können sogar im Baum schlafen oder dort ihre Snacks essen, ohne herunterzuklettern.

⇨ Leoparden sind gerne für sich und gehen meist allein auf Entdeckungsreise. Sie erleben ihre eigenen Abenteuer, genau wie du, wenn du allein dein Lieblingsspiel spielst.

⇨ Wenn Leoparden auf die Pirsch gehen, sind sie sehr leise. Ihre Pfoten sind so weich, dass man sie kaum hört, genau wie wenn du barfuß über einen Teppich läufst.

Glaube an dich – Sätze:

Zusammenarbeit macht uns schneller und stärker.

Ich nutze meine Stärken,
um den Weg für andere zu ebnen.

Gemeinsam erreichen
wir Ziele, die allein
unerreichbar wären.

Skorpion

Verteidigung

Sammy war ein kleiner Skorpion, der in einer ruhigen Ecke der Sandwüste unter einem kühlen Stein lebte. Sammy war nicht groß, aber er hatte etwas Besonderes: seinen Stachel. Dieser Stachel war sein Schutzschild, und Sammy wusste genau, wie er ihn einsetzen musste, um sich und seine Freunde zu schützen.

Als Sammy eines Tages im Sand spielte, hörte er jemanden um Hilfe rufen. Es war Tina, die kleine Schildkröte, die unter einem großen Stein feststeckte und sich nicht mehr bewegen konnte. Schnell krabbelte Sammy zu ihr und schob mit seinen kräftigen Scheren den Stein weg, so dass Tina wieder frei war. „Danke, Sammy! Du bist mein Held!", rief Tina überglücklich.

Sammy freute sich, dass er helfen konnte, und sie spielten den ganzen Nachmittag miteinander. Doch plötzlich kam eine große Eidechse, die sehr gefährlich aussah. Tina versteckte sich schnell, aber Sammy, der mutige Skorpion, blieb stehen. Er stellte seinen Stachel auf und machte sich so groß, wie er nur konnte. Die Eidechse, die Sammy so mutig sah, dachte, dass es besser wäre, wegzulaufen.

„Hab keine Angst, Tina, jetzt bist du in Sicherheit", sagte Sammy leise. „Mit meinem Stachel kann ich uns beschützen."

Von diesem Tag an waren Sammy und Tina die besten Freunde. Sie spielten jeden Tag miteinander und alle Tiere in der Wüste wussten nun, dass Sammy, der kleine Skorpion, sehr mutig und stark war, besonders wenn es darum ging, seine Freunde zu beschützen.

Die Geschichte von Sammy zeigt uns, dass man nicht groß sein muss, um stark und mutig zu sein. Sie zeigt uns, wie wichtig es ist, in einer Freundschaft füreinander da zu sein und sich gegenseitig zu beschützen. Jeder von uns kann etwas Großes bewirken, egal wie klein wir sind.

Fakten über Skorpione

Wusstest du schon?

⇨ Skorpione haben einen besonderen Trick: Unter einem bestimmten Licht können sie leuchten! Das macht sie zu den kleinen Glühwürmchen der Wüste.

⇨ Skorpione können sich sehr gut verstecken. Unter Steinen oder im Sand finden sie die perfekten Plätze, um sich auszuruhen.

⇨ Skorpione haben einen langen, nach oben gebogenem Schwanz. Am Ende des Schwanzes befindet sich etwas, das wie eine kleine Nadel aussieht. Damit schützen sie sich, so wie du deinen Schal enger ziehst, wenn es kalt ist.

⇨ Mit ihren speziellen Fühlern, den Tasthaaren, können Skorpione spüren, ob jemand in der Nähe ist. Es ist, als hätten sie ihre eigenen kleinen Spürnasen.

⇨ Skorpione gibt es schon sehr lange. Sie lebten schon zur Zeit der Dinosaurier und hätten viele spannende Geschichten zu erzählen, wenn sie sprechen könnten.

Glaube an dich - Sätze:

Ich kann mutig sein und für meine Freunde einstehen.

Meine Stärke liegt darin, andere zu beschützen. Auch wenn ich klein bin, kann ich Großes bewirken.

Freundschaft bedeutet, füreinander da zu sein, in guten wie in schlechten Zeiten.

Delfin
Intelligenz

Weit unten im glitzernden Meer, in einem magischen Reich voller Wunder, lebte ein junger Delfin namens Dabi. Dabi war schlau wie ein Fuchs und konnte Rätsel lösen, bei denen die anderen Meeresbewohner nur ratlos den Kopf schütteln konnten.

Eines Tages hörte Dabi, dass sich alle seine Freunde im Meer große Sorgen machten. Ein riesiges Netz hatte sich im Korallenriff verfangen. Das Netz war gefährlich für alle, die im Riff lebten. Dabi wusste, er musste etwas tun, um seine Freunde und sein Zuhause zu retten.

Mit einem schlauen Plan im Kopf schwamm er zum Riff. Er schaute sich das Netz genau an und sah, dass es fest an den Korallen hing. Dabi erkannte, dass sie es nicht einfach herausziehen konnten. Sie mussten schlau sein.

Dabi schwamm zu seinen Freunden zurück und erzählte ihnen seinen Plan. „Wenn wir alle zusammenhelfen

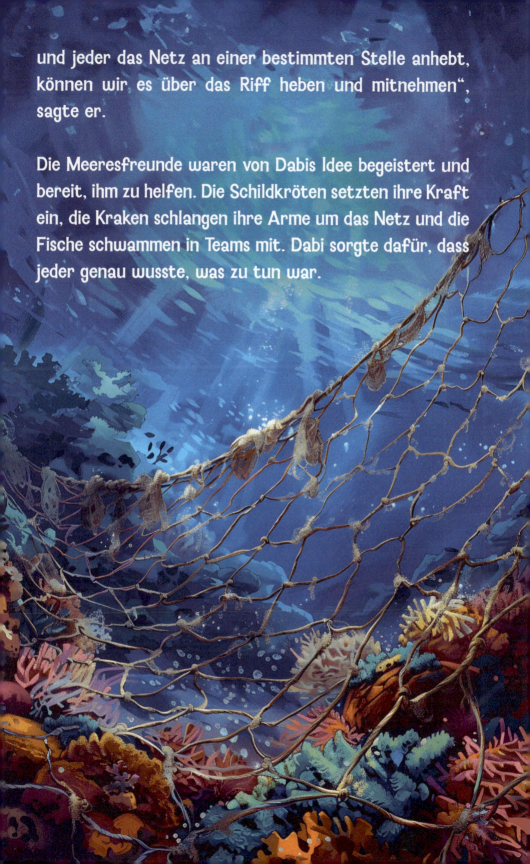

und jeder das Netz an einer bestimmten Stelle anhebt, können wir es über das Riff heben und mitnehmen", sagte er.

Die Meeresfreunde waren von Dabis Idee begeistert und bereit, ihm zu helfen. Die Schildkröten setzten ihre Kraft ein, die Kraken schlangen ihre Arme um das Netz und die Fische schwammen in Teams mit. Dabi sorgte dafür, dass jeder genau wusste, was zu tun war.

Gemeinsam schafften sie es, das Netz vorsichtig vom Riff wegzuheben, damit es sicher entsorgt werden konnte. Alle im Meer jubelten und dankten Dabi für seine klugen Ideen und seine Führung.

Dabis Geschichte zeigt uns, wie wichtig es ist, klug zu sein und zusammenzuarbeiten. Wenn alle mit anpacken und mitdenken, können auch die größten Probleme gelöst werden.

Fakten über Delfine

Wusstest du schon?

⇨ Delfine können gut reden und zuhören. Sie geben Pfeif- und Klicklaute von sich, um miteinander zu sprechen, fast so, als hätten sie eine eigene Geheimsprache.

⇨ Delfine lieben es, im Wasser herumzuspringen und Saltos zu schlagen. Manchmal springen sie aus dem Wasser, als wollten sie fliegen.

⇨ Delfine sind sehr freundlich und schwimmen gerne zusammen. Sie haben oft eine Gruppe von Freunden, mit denen sie alles teilen, genau wie du im Kindergarten.

⇨ Delfine sind sehr schlau. Sie können Rätsel lösen und sich viele Dinge merken, fast so, als wären sie auch zur Schule gegangen.

⇨ Manchmal helfen Delfine anderen Tieren oder sogar Menschen in Not. Sie sind wie Super-helden der Meere, die immer da sind, um zu retten und zu beschützen.

Glaube an dich - Sätze:

Zusammenarbeit ist der Schlüssel zur Lösung großer Probleme.

Ich kann Herausforderungen meistern, indem ich nachdenke und plane.

Meine Ideen und mein Wissen helfen mir, mich und meine Freunde zu schützen.

Durch kluges Handeln kann ich Veränderungen bewirken.

Gorilla

Führung

Eines Tages sah Gino, wie die jüngeren Gorillakinder immer weiter weg vom sicheren Wald spielten. Er machte sich Sorgen, dass es draußen gefährlich werden könnte, und beschloss, den Kleinen beizubringen, wie man sicher im Dschungel lebt.

Gino nahm die jungen Gorillas mit auf eine abenteuerliche Reise. Er zeigte ihnen, welche Früchte lecker sind und welche nicht, wie man sich bei Regen versteckt und wie man leise durchs Gebüsch schleicht, damit kein Raubtier einen bemerkt.

Aber Gino wollte den Kindern noch etwas viel Wichtigeres beibringen: dass es ganz wichtig ist, zusammenzuhalten und füreinander da zu sein. „Im Dschungel", sagt Gino, „sind wir stark, weil wir Freunde sind. Wir passen aufeinander auf und helfen einander, wenn jemand Hilfe braucht."

Dann, eines Tages, als es sehr stark regnete, bemerkten

sie, dass Lulu, ein kleiner Gorilla, verschwunden war. Gino rief sofort alle zusammen und sie machten sich auf die Suche. Mit vereinten Kräften fanden sie Lulu schließlich wohlbehalten in einer Höhle.

Das Abenteuer mit Lulu hat allen gezeigt, wie wichtig es ist, aufeinander aufzupassen. Gino war für alle nicht nur Anführer, sondern auch Lehrer und Beschützer.

Die Geschichte von Gino lehrt uns, dass ein guter Chef nicht nur sagen kann, was zu tun ist. Es geht vielmehr darum, ein gutes Vorbild zu sein, sich um jeden zu kümmern und jedem zu helfen.

Fakten über Gorillas

Wusstest du schon?

⇨ Gorillas sind sehr groß und stark, aber auch sehr freundlich und ruhig. Sie lieben es, in Ruhe Blätter zu fressen und Zeit mit ihrer Familie zu verbringen.

⇨ Gorillas leben in Gruppen zusammen, die wie eine große Familie sind. Sie kümmern sich umeinander und spielen gerne miteinander, fast so wie du mit deinen Freunden.

⇨ Gorillas zeigen ihre Gefühle mit ihrem Gesicht, genau wie wir. Sie können lächeln, traurig aussehen oder sogar ein bisschen schmollen, wenn sie nachdenken.

⇨ Gorillas können nicht sprechen wie wir, aber sie benutzen viele Laute, Gesten und Gesichtsausdrücke, um miteinander zu „reden". Manchmal klopfen sie sich auf die Brust, um zu zeigen, dass sie da sind.

⇨ Gorillas essen am liebsten Pflanzen. Sie lieben frische Blätter, Stängel und manchmal auch Früchte. Sie sind wie die Gärtner des Waldes, die genau wissen, was schmeckt.

Glaube an dich – Sätze:

Zusammenhalt macht uns stark und sicher.

Ich lerne, anderen zuzuhören und sie zu führen.

Mut und Fürsorge sind Zeichen wahrer Führung.

Mit meiner Führung können wir gemeinsam jede Herausforderung meistern.

Spinne

Kreativität

In einem bunten Garten, in dem die Blumen in der Sonne leuchteten, lebte eine kleine Spinne, die Simon hieß. Simon war eine ganz besondere Spinne, denn er war ein richtiger Künstler. Er webte im ganzen Garten die schönsten Spinnennetze, die nicht nur Fliegenfänger waren, sondern richtige Kunstwerke.

Eines Tages hatte Simon eine Idee: Er wollte das größte und schönste Netz spinnen, das nicht nur nützlich, sondern auch schön anzusehen sein sollte. Er suchte sich einen Platz zwischen zwei riesigen Sonnenblumen aus, wo sein Netz im Morgenlicht besonders schön glänzen würde.

Simon legte los und arbeitete sehr genau und sorgfältig. Er verband alle Fäden miteinander und schuf wunderschöne Muster, die wie die Blumen und Blätter um ihn herum aussahen. Er benutzte sogar den Morgentau, um sein Netz noch mehr glänzen zu lassen.

Als Simon fertig war, glitzerte sein Netz in der Morgen-
sonne. Es war ein richtiges Kunstwerk geworden und
Simon war sehr stolz darauf. Alle Tiere im Garten, von
den summenden Bienen bis zu den neugierigen Käfern,
kamen vorbei, um Simons Netz zu bewundern.

„Simon, dein Netz ist das schönste, das wir je gesehen
haben", zwitscherten die kleinen Vögel. Simon freute
sich, dass seine Arbeit so gut ankam. Er hatte nicht
nur ein Zuhause für sich geschaffen, sondern auch ein
Geschenk für den ganzen Garten.

Simons Geschichte zeigt uns, dass jeder etwas Schönes und Einzigartiges schaffen kann, wenn er seine Fantasie und seine Fähigkeiten einsetzt. Sie erinnert Kinder daran, stolz auf ihre Fähigkeiten zu sein und die Welt um sie herum schöner zu machen.

Fakten über Spinnen

Wusstest du schon?

⇨ Spinnen sind große Künstler, die wunderschöne Netze weben. Ihre Netze sind wie Zaubertricks, mit denen sie ihre Lieblingsspeisen fangen.

⇨ Manche Spinnen haben bis zu acht Augen, damit sie alles um sich herum sehen können. Sie haben supergute Augen, um Abenteuer zu erleben und Freunde zu finden.

⇨ Spinnen bewegen sich lautlos und geschickt. Sie können über ihre Netze tanzen, ohne hängen zu bleiben, fast so, als würden sie schweben.

⇨ Spinnen haben besondere Kräfte: Sie können Fäden spinnen, die, wenn man sie sehr dünn zieht, stärker als Stahl sind. Mit diesen Fäden klettern, schwingen und retten sie sich – fast wie Superhelden.

⇨ Auch wenn Spinnen manchmal unheimlich aussehen, sind sie für unseren Garten sehr wichtig. Sie helfen, die Zahl der Insekten auszugleichen, damit wir nicht zu viele Mücken haben.

Glaube an dich – Sätze:

Mit Fantasie und Fleiß kann ich Wunder vollbringen. Ich bin einzigartig und das ist meine Stärke.

Meine Werke können die Welt um mich herum verschönern.

Harte Arbeit und Geduld führen zu großartigen Ergebnissen.

Tiger
Leidenschaft

Im weit, weit entfernten Dschungel, wo das Sonnenlicht die Blätter zum Glitzern brachte, lebte Timo, der kleine Tiger. Timo war berühmt für seine Abenteuerlust und seinen Eifer, bei allem, was er tat, sein Bestes zu geben. Eines Tages entdeckte Timo einen geheimnisvollen Ort: eine Höhle, die sich hinter einem dichten Vorhang aus Blättern verbarg.

Getrieben von seiner Neugier beschloss Timo, das Geheimnis der Höhle zu lüften. Er wusste, dass es schwierig werden würde, aber sein Abenteuergeist machte ihn mutig. Mit einem großen Sprung schob Timo die Blätter zur Seite und betrat die dunkle Höhle.

In der Höhle entdeckte Timo eine funkelnde Welt. Kristalle in allen Farben des Regenbogens glitzerten an den Wänden. Timo war verzaubert und seine Abenteuerlust wuchs. Er wollte alles über diesen zauberhaften Ort herausfinden, um sein Geheimnis später mit seinen Freunden zu teilen.

Tief in der Höhle fand Timo eine sprudelnde Quelle mit dem klarsten Wasser, das er je gesehen hatte. Das Wasser plätscherte wie fröhliche Musik und machte die Luft in der Höhle frisch und kühl. Timo hatte eine geniale Idee: Er könnte diese Quelle nutzen, um den Tieren im Dschungel in Zeiten der Trockenheit zu helfen.

Mit viel Fleiß und Einfallsreichtum fand Timo einen Weg, das Wasser zu den durstigen Tieren zu bringen. Er baute einen kleinen Kanal aus Steinen und Ästen, der das Wasser zum Fluss leitete.

Nach getaner Arbeit strahlte Timo vor Stolz. Mit viel Mühe und Einfallsreichtum hatte er nicht nur ein Geheimnis gelüftet, sondern auch eine neue Wasserquelle für den Dschungel erschlossen. Die Tiere waren super dankbar und bewunderten Timos Einsatz.

Timo zeigt uns, dass es großartig ist, mit Leidenschaft bei der Sache zu sein und immer seine Träume zu verfolgen. Von ihm lernen wir, dass wir mit Mut und Kreativität nicht nur Neues entdecken, sondern auch anderen helfen und unsere Welt ein bisschen schöner machen können.

Fakten über Tiger

Wusstest du schon?

⇨ Jeder Tiger hat sein eigenes, unverwechselbares Streifenmuster, so wie Menschen ihre eigenen Fingerabdrücke haben. Kein Tiger gleicht dem anderen!

⇨ Tiger sind gute Springer. Sie können bis zu 6 Meter weit springen, fast so, als hätten sie Superkräfte, die sie durch die Luft fliegen lassen.

⇨ Trotz ihrer Größe können Tiger lautlos schleichen. Sie bewegen sich so leise, dass man sie kaum hört, wenn sie durch den Wald streifen.

⇨ Tiger sind nachtaktive Tiere. Sie lieben es, im Dunkeln Abenteuer zu erleben und ihre Umgebung zu erkunden, während wir schlafen.

⇨ Tigerinnen, die Muttertiger, kümmern sich liebevoll um ihre Jungen. Sie bringen ihnen alles bei, was sie wissen müssen, um im Dschungel groß und stark zu werden.

Glaube an dich - Sätze:

Meine Leidenschaft hilft mir, kreative Lösungen zu finden.

Ich kann Großes erreichen, wenn ich meinem Herzen folge.

Helfen macht mich glücklich und stärkt unsere Gemeinschaft.

Jedes Abenteuer beginnt mit dem ersten Schritt.

Ameise

Teamarbeit

In einem sonnigen Garten, unter einem großen alten Baum, lebte eine sehr fleißige Ameisenfamilie. Die kleinste Ameise hieß Annie. Annie war sehr stolz darauf, ein Mitglied ihres Teams zu sein. Jede Ameise in der Familie hatte eine besondere Aufgabe, und gemeinsam arbeiteten sie hart daran, ihr Zuhause schön zu machen und Nahrung zu finden.

Eines Tages sah Annie einen riesigen, lecker aussehenden Apfel im Gras liegen. „Oh, was für ein leckeres Essen, das für uns sein könnte", dachte sie. Aber der Apfel war viel zu groß und zu schwer, um ihn allein zu tragen. Also lief Annie schnell zurück und erzählte ihrer Familie von ihrem tollen Fund.

„Wenn wir alle zusammenhelfen, können wir ihn holen", rief Annie ganz aufgeregt. Begeistert von Annies Entdeckung versammelten sich alle Ameisen und schmiedeten einen Plan. Sie alle wussten, dass sie nur gemeinsam stark sind.

Sie stellten sich in einer
langen Reihe vom Ameisen-
haufen bis zum Apfel auf und
begannen, kleine Apfelstücke
abzunagen. Einige Ameisen klet-
terten auf den Apfel, um
ihn aufzuteilen, während die
anderen unten warteten, um
die Stücke wegzutragen. Sie arbei-
teten den ganzen Tag zusammen,
ohne Pause.

Es war wirklich harte Arbeit
und manchmal rutschten sie
ab oder die Stücke waren zu
schwer. Aber immer,
wenn eine Ameise
müde wurde,

sprang eine andere ein und half ihr. Annie war so glücklich und stolz, als sie sah, wie gut alle zusammenarbeiteten.

Als die Sonne unterging, hatten sie es geschafft. Der riesige Apfel gehörte nun zu ihrem Vorrat, und dass alles dank ihrer tollen Teamarbeit. Die Ameisenfamilie feierte ihren Erfolg mit einem großen Fest.

Annies Geschichte zeigt, dass keine Aufgabe zu schwierig ist, wenn man Freunde hat, die einem helfen. Sie lehrt Kinder, wie wichtig es ist, zusammenzuhalten und dass jeder, ob groß oder klein, helfen und etwas Großartiges leisten kann.

Fakten über Ameisen

Wusstest du schon?

⇨ Ameisen sind unglaublich stark! Sie können Dinge tragen, die viel, viel schwerer sind als sie selbst – fast so, als würden sie jeden Tag im Fitnessstudio trainieren.

⇨ Ameisen arbeiten gerne zusammen. Sie bauen gemeinsam ihre Behausungen, finden Nahrung und kümmern sich umeinander, genau wie eine große Familie.

⇨ Ameisen „sprechen" miteinander, indem sie Duftstoffe benutzen. So können sie ihren Freunden den Weg zeigen oder ihnen sagen, wann es Zeit zum Essen ist – fast so, wie wenn man mit der Nase nach Keksen sucht!

⇨ Ameisen gibt es fast überall auf der Welt. Von großen Wäldern bis in unseren Garten sind sie kleine Entdecker, die überall zu Hause sind.

Glaube an dich – Sätze:

Helfen und helfen lassen macht uns zu einem guten Team.

Auch wenn ich klein bin, ist meine Hilfe wichtig.

Teamarbeit ist, wenn jeder etwas beiträgt und wir gemeinsam erfolgreich sind.

Freude teilen wir im Team, genau wie die Arbeit.

Igel

Verteidigung

Im bunten Blumengarten unter den großen schattigen Bäumen lebte Ingo, der Igel. Ingo war besonders schlau und mutig. Wenn Gefahr drohte, konnte er sich zusammenrollen und seine spitzen Stacheln zeigen.

Eines sonnigen Tages hörte Ingo ein trauriges Weinen. Es kam von Lena, der kleinen Schnecke, die am Rand des Gartens festsaß. „Keine Sorge, Lena, ich komme und helfe dir", rief Ingo leise und machte sich auf den Weg, um ihr zu helfen.

Gerade als Ingo Lena befreien wollte, kam eine neugierige Katze, angelockt vom Rascheln im Gras. Ingo wusste sofort, was er tun musste. Blitzschnell rollte er sich zusammen und zeigte seine Stacheln. Die Katze war überrascht und machte einen großen Schritt zurück. Ingo war ein echter Held!

Als die Katze weg war, machte Ingo sich wieder lang und half Lena ganz vorsichtig aus ihrer misslichen Lage. „Du bist mein Held, Ingo", sagte Lena und lächelte dankbar. Ingo grinste. Er war froh, dass er helfen konnte.

Von diesem Tag an erzählten sich alle Tiere im Garten Geschichten von Ingo, dem Igel, der mutig und klug seine Freunde beschützte. Sie spielten fröhlich und unbeschwert, denn sie wussten, dass Ingo immer ein wachsames Auge auf sie hatte.

Die Geschichte von Ingo zeigt, dass es viele Möglichkeiten gibt, stark und fürsorglich zu sein, und dass auch kleine Taten großen Mut beweisen und viel bewirken können. Sie ermutigt Kinder, mutig zu sein und für ihre Freunde da zu sein.

Fakten über Igel

Wusstest du schon?

⇨ Igel haben ein besonderes Stachelkleid. Wenn sie sich zusammenrollen, sehen sie aus wie ein kleiner stacheliger Ball. Das hilft ihnen, sicher zu sein, wenn sie draußen Abenteuer erleben.

⇨ Nachts sind Igel am liebsten wach. Wenn wir schlafen, schnüffeln und wandern sie umher, auf der Suche nach leckerer Nahrung wie Insekten und Würmern.

⇨ Igel sind Meister im Verstecken. Sie finden geheime Plätze unter Blättern und Zweigen, wo sie tagsüber schlafen, fast so, als hätten sie ihr eigenes Geheimversteck.

⇨ Obwohl sie klein sind, können Igel ziemlich schnell laufen, wenn sie wollen.

⇨ Igel helfen uns, indem sie Schädlinge in unseren Gärten fressen. Sie sind wie kleine Helfer, die dafür sorgen, dass unsere Pflanzen gesund wachsen.

Glaube an dich - Sätze:

Mutig sein heißt, für andere da zu sein.

Ich setze meine Fähigkeiten ein, um meine Freunde zu beschützen.

Zusammenhalt macht uns alle stark.

Ich kann schwierige Situationen meistern, wenn ich mutig bin.

Pfau

Stolz

Im tiefen, stillen Wald, fernab der lebensfrohen Gärten, lebte ein junger Pfau namens Pedro. Pedro war etwas ganz Besonderes, denn seine Federn glitzerten in der Sonne in allen Farben des Regenbogens. Aber das wusste Pedro nicht. Er sah die flinken Eichhörnchen und die flatternden Vögel und dachte, dass er nie so toll sein könnte wie sie.

Eines Tages gab es ein großes Treffen im Wald, bei dem jedes Tier zeigen durfte, was es am besten konnte. Pedro war ganz aufgeregt und dachte: „Was kann ich denn besonders gut?" Aber als er an der Reihe war, ging er nach vorne und stellte seine schönen Federn weit auf.

Alle Tiere staunten. So etwas Schönes hatten sie noch nie gesehen. Pedros Federn leuchteten in so vielen Farben, heller und schöner als alles, was sie kannten. Pedro drehte sich langsam im Kreis, damit alle seine Pracht sehen konnten.

„Pedro, du bist wirklich einzigartig", sagte der alte, weise Baum leise. „Deine Federn sind ein Schatz und du kannst stolz darauf sein."

Da begriff Pedro, dass er nicht schnell oder geschickt sein musste, um etwas Besonderes zu sein. Seine bunten Federn, ein Geschenk der Natur, machten ihn zu etwas ganz Besonderem. Von diesem Tag an war Pedro stolz auf seine Federn und verstand, dass das, was uns besonders macht, das ist, was uns einzigartig macht.

Pedros Geschichte lehrt uns, dass jeder von uns etwas Besonderes ist. Sie ermutigt uns, unsere eigenen einzigartigen Talente zu entdecken, sie zu schätzen und sie stolz mit anderen zu teilen.

Fakten über Pfaue

Wusstest du schon?

⇨ Pfauen können ihre langen, bunten Federn wie Räder aufstellen. Wenn sie das tun, sehen sie aus wie ein leuchtendes Feuerwerk im Gras.

⇨ Pfauen machen besondere Geräusche und tanzen dazu, um zu zeigen, wie schön sie sind. Es ist, als würden sie ein Lied singen, nur mit Federn und Schritten.

⇨ Nicht alle Pfauen sind bunt. Pfauenmütter und Babys sind eher grau und grün, damit sie sich im Gras verstecken können, fast wie bei einem Zaubertrick.

⇨ Die bunten Federn der Pfauen leuchten in der Sonne. Sie haben besondere Muster, die im Licht funkeln, fast so, als würden sie leuchten.

⇨ Pfauen leben gerne in Parks und Gärten, wo sie herumspazieren und die Umgebung erkunden. Manchmal besuchen sie Menschen, als wollten sie Hallo sagen.

Glaube an dich - Sätze:

Ich bin stolz auf das, was mich einzigartig macht.

Jeder von uns hat etwas Besonderes zu zeigen.

Wahre Schönheit kommt von innen und strahlt nach außen.

Stolz sein heißt, sich selbst zu lieben und zu schätzen.

Schlange
Erneuerung

Im tiefen, stillen Wald, wo die Sonne durch die Blätter schien und alles in ein zartes Grün hüllte, lebte eine neugierige Schlange namens Selma. Selma war keine normale Schlange. Sie hatte ein besonderes Geheimnis: Sie konnte sich verwandeln! Jedes Mal, wenn Selma ihre alte Haut abwarf, kam eine neue, glitzernde Haut zum Vorschein.

Als Selma eines Tages fröhlich durch den Wald streifte, entdeckte sie kleine Pflänzchen, die sich tapfer durch den dicken Boden kämpften. Sie waren so winzig, dass sie kaum Sonnenlicht bekamen, weil die großen Pflanzen alles Licht schluckten. Selma wollte sofort helfen.

„Was kann ich tun, damit ihr wachsen könnt?" fragte Selma die Pflänzchen. Da hatte sie eine geniale Idee. Sie beschloss, den Pflänzchen ihre alte Haut zu lassen. „Meine alte Haut wird euch warmhalten und nähren", erklärte sie. „Bald werdet ihr groß und stark sein und selbst ins Licht wachsen können."

Tag für Tag sah Selma nach den Pflänzchen und beobachtete, wie sich ihre alte Haut in wertvollen Dünger verwandelte, der den Pflanzen beim Wachsen half. Nach einiger Zeit durchbrachen die Pflänzchen die dunkle Erde und streckten sich dem Sonnenlicht entgegen.

Selma fühlte sich sehr glücklich, weil sie wusste, dass sie nicht nur sich, sondern auch den Pflanzen geholfen hatte. Die jungen Pflanzen waren ihr sehr dankbar, und der Wald wirkte gleich ein bisschen heller und freundlicher.

Selmas Geschichte zeigt uns, wie schön es ist, zu wachsen und sich zu verändern. Sie lehrt uns, dass Veränderung nicht nur etwas Persönliches ist, sondern auch eine Möglichkeit, anderen zu helfen und die Welt um uns herum schöner zu machen.

Fakten über Schlangen

Wusstest du schon?

⇨ Schlangen können sich sehr gut verstecken. Sie können sich so lautlos bewegen, dass man sie fast nicht sieht, als würden sie Zaubertricks anwenden.

⇨ Schlangen können nicht hören wie wir, aber sie spüren Vibrationen am Boden. Das heißt, sie „hören" mit ihrem ganzen Körper, was um sie herum passiert.

⇨ Schlangen streifen ihre alte Haut ab und lassen darunter eine glänzende neue zum Vorschein kommen. Es ist, als würden sie sich für eine Kostümparty umziehen!

⇨ Manche Schlangen können sogar Bäume erklimmen! Mit Hilfe ihrer Muskeln schlängeln sie sich wie auf einer Geheimtreppe nach oben.

⇨ Schlangen fressen viele verschiedene Dinge, je nachdem, wo sie leben. Manche fressen kleine Tiere, andere mögen Eier und einige große Schlangen können sogar Dinge fressen, die viel größer sind als sie selbst.

Glaube an dich – Sätze:

Veränderung bringt neues Leben und neue Möglichkeiten.

Ich kann die Welt um mich herum positiv beeinflussen.

Meine Einzigartigkeit ist ein Geschenk, das ich teilen kann.

Jeder kann auf seine Weise etwas bewirken.

Wal

Kommunikation

Wolly, der freundliche Wal, schwamm fröhlich in einem ruhigen Teil des Meeres. Er unterhielt sich oft mit seinen Freunden aus dem Meer: den Fischen, Seesternen und Krebsen. Wolly hatte eine besondere Gabe: Er konnte die schönsten Lieder singen, die durch das ganze Meer hallten.

Eines Tages bemerkte Wolly, dass seine Freundin, die kleine Krabbe Karla, sehr traurig war. Karla hatte sich verlaufen und wusste nicht, wie sie zu ihrer Sandburg zurückkommen sollte. Sie war weit weg von ihrer Familie und vermisste sie sehr.

Wolly wollte Karla unbedingt helfen und hatte eine tolle Idee. Er beschloss, ein ganz besonderes Lied zu singen. Ein Lied, das so kraftvoll und schön war, dass es Karlas Familie erreichen würde, egal wie weit weg sie waren.

Wolly nahm all seine Kraft zusammen und begann zu singen. Seine tiefe, klangvolle Stimme schwebte weit über das Meer. In seinem Lied erzählte er von Karlas Mut und ihrem Wunsch, wieder nach Hause zu kommen.

Karlas Familie hörte Wollys Lied. Sie erkannten sofort Karlas Namen und die Beschreibung ihres kleinen Sandhauses in dem Lied. Sie folgten der schönen Melodie, die sie direkt zu Karla führte.

Als Karla ihre Familie sah, strahlten ihre Augen vor Glück. „Wolly, du hast mit deinem Lied meine Familie zu mir gebracht", rief sie.

Wolly lächelte breit. „Mit unseren Stimmen und Liedern können wir uns immer finden und einander helfen, auch wenn wir weit voneinander entfernt sind", sagte er.

Die Geschichte von Wolly lehrt Kinder, wie stark und wichtig Kommunikation ist. Sie zeigt, dass wir mit unserer Stimme anderen helfen und Freundschaften stärken können. Sie ermutigt die Kinder, immer offen und freundlich miteinander zu sprechen und sich gegenseitig zu unterstützen.

Fakten über Wale

Wusstest du schon?

⇨ Wale gehören zu den größten Tieren der Weltmeere. Manche sind so groß, dass sie die Länge eines Basketballfeldes erreichen!

⇨ Wale können wunderschöne Lieder singen, besonders die Buckelwale. Ihre Gesänge tragen sich kilometerweit durch das Wasser, fast wie ein Unterwasserkonzert.

⇨ Wale müssen zum Atmen an die Wasseroberfläche. Sie haben ein spezielles Loch auf der Oberseite ihres Kopfes, durch das sie Luft holen.

⇨ Wale sind sehr freundlich und manchmal auch neugierig. Sie kommen oft in die Nähe von Booten, um Hallo zu sagen oder mit den Wellen zu spielen.

⇨ Genau wie Menschenbabys trinken kleine Wale die Milch ihrer Mütter. Sie müssen viel trinken, um groß und stark zu werden.

Glaube an dich - Sätze:

Meine Stimme verbindet mich mit anderen.

Durch Kommunikation können
wir Wege finden, einander zu helfen.

Lieder und Worte haben die
Kraft, Herzen zu erreichen.

Freundschaft und Liebe
machen jedes Lied schöner.

Nashorn

Unverwüst- lichkeit

In einem großen, bunten Tal, in dem die Blumen in allen Farben des Regenbogens blühten und die Bäume fröhlich im Wind tanzten, lebte ein starkes Nashorn namens Noah. Noah war etwas ganz Besonderes, mit einer superdicken Haut und einem riesigen Horn, fast wie ein Superheld!

Eines Tages rollte ein großer grauer Stein den Hügel hinunter, genau auf das Haus der kleinen Feldmäuse zu. Die Mäuse waren ganz aufgeregt und hatten große Angst, dass ihr Haus kaputt gehen könnte.

Noah sah, was geschah, und zögerte keinen Augenblick. Mutig stellte er sich dem Stein in den Weg. Mit seiner starken Haut und seinem mächtigen Horn drückte er gegen den Stein. Es war nicht leicht, aber Noah gab nicht auf. Er war stark und unverwüstlich.

Mit einem gewaltigen Stoß schaffte Noah es, den Stein wegzustoßen, so dass er in eine leere Mulde im Tal rollte, wo er niemandem mehr wehtun konnte.

Die Feldmäuse waren überglücklich und hüpften vor Freude. „Du bist unser Held, Noah", quietschten sie. Noah lächelte und freute sich, dass er helfen konnte. Seine Stärke und Unverwüstlichkeit hatten den Tag gerettet.

Noahs Geschichte zeigt uns, dass wahre Stärke nicht nur darin liegt, wie stark man ist, sondern auch darin, mutig zu sein und anderen in Not zu helfen. Sie erinnert uns daran, dass jeder von uns besondere Fähigkeiten hat, die wir einsetzen können, um Gutes zu tun und unseren Freunden zu helfen.

Fakten über Nashörner

Wusstest du schon?

⇨ Nashörner sind große Tiere mit einer besonderen Haut, die fast wie eine Rüstung aussieht. Sie leben in Teilen Afrikas und Asiens und spielen am liebsten im Schlamm.

⇨ Nashörner haben ein oder zwei Hörner auf der Nase. Diese Hörner sehen nicht nur cool aus, sie helfen den Nashörnern auch, sich zu schützen und in der Erde nach leckerem Futter zu suchen.

⇨ Die meisten Nashörner fressen am liebsten Gras. Sie benutzen ihre Lippen, um das Gras zu greifen und zu essen, fast so, als hätten sie eigene kleine Hände.

⇨ Nashörner sehen zwar groß und schwer aus, können aber ziemlich schnell laufen, wenn sie wollen. Meistens schlendern sie jedoch langsam und gemächlich durch ihren Lebensraum.

⇨ Nashorn-Mütter sind sehr fürsorglich und bleiben lange bei ihren Babys. Sie bringen ihnen alles bei, was sie wissen müssen, um in der Wildnis zurechtzukommen.

Glaube an dich - Sätze:

Meine Stärke hilft mir, anderen zu helfen.

Auch wenn die Aufgaben schwer sind,
gebe ich nicht auf.

Freunde zu haben heißt,
füreinander da zu sein.

Mit Mut und Kraft kann
ich viele Herausforderungen
meistern.

Bieber

Baufähigkeit

In einem Wald, der so lebendig war, dass das Plätschern des Flusses wie ein Lied klang, lebte Benny, der fleißige Biber. Benny war berühmt dafür, tolle Dämme zu bauen. Mit seinen scharfen Zähnen fällte er Bäume und fügte sie geschickt so zusammen, dass sie das Wasser umleiteten und sein Zuhause schützten.

Eines Tages, nach einem heftigen Regen, floss der Fluss viel zu schnell. Das Wasser drohte über die Ufer zu treten und das Zuhause vieler Waldtiere zu überschwemmen. Benny wusste, dass er etwas tun musste, um den Wald und seine Freunde zu schützen.

Entschlossen fing Benny an zu arbeiten. Er suchte die stärksten Bäume aus, fällte sie geschickt und trug sie zum Fluss. Einen nach dem anderen baute er zu einem starken Damm auf, der das Wasser umleiten und das Ufer sichern sollte.

Während Benny arbeitete, kamen auch die anderen Tiere, um ihm zu helfen. Die Vögel brachten kleine Äste und die Rehe kamen mit Blättern, um die kleinen Löcher zu stopfen. Alle arbeiteten zusammen, geleitet von Bennys klugem Plan und seinem Geschick.

Als der Damm fertig war, freuten sich alle über das gemeinsame Erreichte. Der Fluss floss nun ruhig durch den Wald, ohne die Lebensräume der Tiere zu bedrohen. Benny hatte nicht nur etwas Großartiges gebaut, sondern auch gezeigt, wie toll es ist, wenn alle zusammenarbeiten.

Bennys Geschichte zeigt uns, wie wunderbar es ist, Fähigkeiten zu haben und zusammenzuarbeiten. Jeder von uns kann etwas Einzigartiges beitragen, um gemeinsam Ziele zu erreichen und Schwierigkeiten zu überwinden.

Fakten über Biber

Wusstest du schon?

⇨ Biber sind wahre Künstler, wenn es darum geht, Dämme zu bauen. Mit Stöcken und Schlamm bauen sie ihre Häuser im Wasser, fast so, als würden sie mit großen Legosteinen spielen.

⇨ Biber haben ganz besondere Zähne, die nie aufhören zu wachsen! Sie knabbern an Bäumen, um ihre Zähne kurz zu halten und Holz für ihre Bauten zu sammeln.

⇨ Der Biberschwanz ist breit und abgeflacht und ähnelt einem Paddel. Er dient zum Steuern im Wasser und zum Sitzen auf dem Wasser, fast wie auf einem kleinen Stuhl.

⇨ Biber leben gerne im Familienverband. Sie kümmern sich umeinander und arbeiten gemeinsam an ihrem Zuhause, genau wie deine Familie zu Hause.

⇨ Biber verbringen viel Zeit im Wasser. Sie sind ausgezeichnete Schwimmer und haben sogar spezielle Hautlappen hinter ihren Zähnen, damit beim Tauchen kein Wasser in ihr Maul kommt.

Glaube an dich – Sätze:

Wenn wir zusammenarbeiten, sind wir stärker.

Meine Fähigkeit zu bauen, schützt und hilft meinen Freunden.

Jeder Beitrag zählt, wenn wir ein Ziel haben.

Mit Geduld und Teamarbeit können wir jedes Problem lösen.

Eichhörnchen

Vorbereitung

Mitten in einem großen grünen Wald, in dem die Bäume so hoch waren, dass sie fast den Himmel berührten, lebte ein schlaues Eichhörnchen namens Emma. Emma war ein sehr fleißiges Eichhörnchen. Es wusste, wie wichtig es war, sich früh auf den Winter vorzubereiten.

Während die anderen Waldtiere den Sommer über spielten und sich in der Sonne wärmten, dachte Emma schon an die kalten Tage. Sie sammelte fleißig Nüsse und Samen und versteckte sie an geheimen Plätzen im Wald.

Als sich der Sommer dem Ende zuneigte, bemerkte Emma, dass ihre Freunde, die kleinen Vögel, sehr besorgt waren. Sie hatten vergessen, Futter für den Winter zu sammeln und wussten nicht, was sie tun sollten.

Emma mit ihrem großen Herzen und ihrem klugen Kopf beschloss, ihren Freunden zu helfen. „Keine Sorge", sagte sie, „ich habe an uns alle gedacht." Sie zeigte den Vögeln ihre Verstecke, die mit genug Futter für den ganzen Winter gefüllt waren.

Dank Emma und ihrer klugen Vorausplanung verbrachten die Tiere des Waldes einen gemütlichen und sicheren Winter. Die Kinder lernten, wie wichtig es ist, vorausschauend zu denken und sich gemeinsam auf die Zukunft vorzubereiten.

Die Geschichte von Emma zeigt den Kindern, wie wertvoll es ist, vorausschauend zu handeln und wie man durch Zusammenarbeit und gegenseitige Hilfe alle Schwierigkeiten überwinden kann.

Fakten über Eichhörnchen

Wusstest du schon?

⇨ Eichhörnchen sind großartige Kletterer. Sie können in Windeseile die Bäume rauf- und runterklettern, als wären sie die kleinen Superhelden des Waldes.

⇨ Eichhörnchen sammeln gerne Nüsse und verstecken sie, damit sie immer etwas zu fressen haben. Manchmal vergessen sie, wo sie sie versteckt haben, und so wachsen neue Bäume und Pflanzen.

⇨ Eichhörnchen gibt es in vielen verschiedenen Farben, von grau über rot bis fast schwarz. Jedes Eichhörnchen sieht ein bisschen anders aus, genau wie wir Menschen.

⇨ Eichhörnchen machen viele Geräusche, um sich zu verständigen. Sie können quietschen und zwitschern, um sich zu unterhalten oder zu warnen, wenn Gefahr droht.

⇨ Eichhörnchen können weite Sprünge zwischen Bäumen und Sträuchern machen. Manchmal springen sie mehr als 3 Meter weit, um von Ast zu Ast zu gelangen.

Glaube an dich – Sätze:

Wenn ich gut vorbereitet bin,
kann ich jede Herausforderung meistern.

Helfen und teilen macht stark.

Es ist weise, an morgen zu
denken und heute zu handeln.

Freunde zu unterstützen ist
das Beste, was ich tun kann.

Vorbereitung ist der Schlüssel
zum Erfolg, auch in schwierigen Zeiten.

Schlusswort

Und nun, liebe kleine Entdecker, ist unsere gemeinsame Reise in die Welt der Tiere zu Ende. Was für ein Abenteuer! Von den tiefen Wäldern bis zu den weiten Meeren haben wir 25 außergewöhnliche Tiere kennen gelernt und mit jedem von ihnen eine besondere Geschichte geteilt. Jedes Tier hat uns eine wichtige Lektion über Stärke, Klugheit, Freundschaft und vieles mehr gelehrt.

Ihr habt erfahren, dass jeder von uns, genau wie die mutigen Bären, die schlauen Füchse und die treuen Hunde, etwas Besonderes in sich trägt. Wir hoffen, dass diese Geschichten euch inspirieren, jeden Tag mutig, klug und freundlich zu sein.

Möge die Neugier, die ihr auf dieser Reise gespürt habt, in euch weiter brennen und euch dazu anspornen, die Welt um euch herum mit offenen Augen und offenem Herzen zu erkunden. Denkt immer daran: Wie unsere tierischen Freunde habt auch ihr die Macht, die Welt zu einem besseren Ort zu machen.

Deutschsprachige Erstausgabe April 2024

Copyright © 2024 Anna Nagel

Anna Nagel wird vertreten durch:

Elcaninov Kevin

Fonyoder Straße 13

89340 Leipheim

Verlagshaus-EL@hotmail.com

Taschenbuch ISBN: 978-3-9824593-9-4

Verantwortlich für den Druck: Amazon Distribution GmbH, Leipzig

Covergestaltung & Buchsatz:

Wolkenart, Marie-Katharina Becker | www.wolkenart.com

Printed in Poland
by Amazon Fulfillment
Poland Sp. z o.o., Wrocław

35495882R00060